AF329697

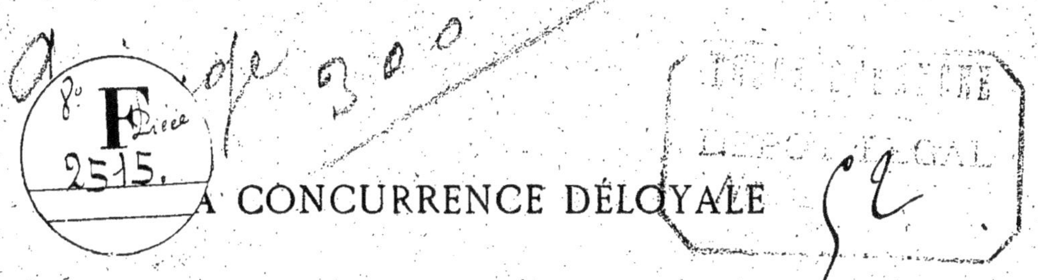

LA CONCURRENCE DÉLOYALE

L'ACCAPAREMENT

ET

L'ORGANISATION MODERNE

DU COMMERCE ET DE L'INDUSTRIE

PAR

M. Henri SAVATIER

Docteur en Droit

Extrait du « XXme Siècle »

PARIS

LIBRAIRIE CH. POUSSIELGUE

Rue Cassette, 15

1896

Prix : 1 franc.

CONCURRENCE DÉLOYALE

ET

ACCAPAREMENT

AVANT-PROPOS

—

*Nous réunissons en une brochure deux articles parus
dans la Revue le XX° Siècle. Non que nous ayons la pré-
tention de présenter ce travail autrement que comme une
très incomplète ébauche sur le sujet si considérable de
l'accaparement et de la concurrence, mais nous croyons à
propos de signaler à l'attention des hommes d'étude le pro-*
blème à deux faces *que soulève de nos jours ce sujet.*

*Pour répondre aux préoccupations actuelles, on doit
étudier parallèlement et chercher les moyens d'assurer à
la fois :*

La répression de l'accaparement et de la concurrence
déloyale ;

La liberté pour les industriels et les commerçants de
s'organiser afin de limiter la concurrence dans un but de
défense mutuelle.

*Un mouvement d'organisation économique encore peu
connu du public s'est dessiné avec force, durant ces dernières années, sous la forme d'*ententes pour régler la production et les prix. *Il n'existe en France qu'un petit nombre
d'ouvrages faisant connaître l'existence de ces* ententes et
traitant les questions économiques et juridiques qui s'y
rapportent *(1).* Cependant, ce mouvement, tenu presque

---

(1) Outre les ouvrages de M. Claudio Jannet indiqués plus loin, on

secret en présence d'une jurisprudence hostile, a pris déjà dans notre pays une grande extension, ainsi qu'en témoigne le tableau d'ensemble dressé au commencement de l'année 1895, dans la dernière et remarquable étude due à M. Claudio Jannet (1). Nous voyons, analysés dans ce travail, six types d'ententes ou syndicats entre industriels, usités en France, pour modifier la concurrence, limiter la production et régler les prix.

L'utilité et le bien fondé de ces ententes, comme remèdes à des crises préjudiciables aux intérêts de tous les travailleurs, ne sont pas douteux. Mais, faut-il, pour en permettre l'extension, aller, comme l'ont conseillé MM. Claudio Jannet et Boullay (2), jusqu'à abroger les dispositions de l'article 419 du Code pénal contre l'accaparement, ou, du moins, jusqu'à les modifier profondément dans le sens du laisser faire, suivant l'exemple de la Belgique ?

C'est là ce que nous ne pensons pas. Nous croyons que c'est plutôt le moment de fortifier les dispositions de nos lois pénales contre l'accaparement. Nous croyons qu'on doit rechercher tout ensemble : comment réprimer et punir les manœuvres pernicieuses des accapareurs ; comment aussi permettre, encourager même, les organisations de défense mutuelle contre les dommages de la concurrence illimitée.

peut citer : *Charles Brouilhet,* Essai sur les ententes commerciales et industrielles ; *Babled,* Les Syndicats de producteurs de marchandises ; *A. Boullay,* Code des Syndicats professionnels *et article dans la* Revue catholique des Institutions et du Droit, *janvier 1890.*

-(1) *Les Syndicats industriels pour régler la production en France, dans la* Réforme sociale *du 16 janvier 1895.* — *Voir aussi, du même auteur :* Le Capital, la Spéculation et la Finance, *chapitre VIII.*

(2) *Ouvrages cités.*

A cette double recherche sont consacrées les pages qu'on va lire.

Le sujet appelait naturellement des considérations d'ordre général. La situation économique actuelle dénote, à nos yeux, le besoin d'une organisation professionnelle et corporative en rapport avec l'industrie et le commerce modernes ; hors de là, les remèdes resteront impuissants. Justement, il nous a paru que cette organisation nouvelle, loin d'être dans le domaine de l'utopie, commençait, sous nos regards, à prendre vie. Mais cette évolution heureuse demande à être débarassée de trop nombreuses causes de déviation.

Nous nous sommes efforcés de définir en quoi consiste la concurrence déloyale, nous avons même tracé une classification des diverses formes qu'elle revêt à l'époque contemporaine, en l'accompagnant d'une brève énumération des moyens de répression.

Il nous a fallu constater la jurisprudence malheureuse de nos tribunaux qui, s'inspirant des principes économiques proclamés en 1791 par la Révolution française, ont déployé leur indulgence en faveur des manœuvres d'accaparement et leur sévérité à l'égard des tentatives de défense contre les abus de la concurrence.

La loi du 21 mars 1884 sur les syndicats professionnels marque un changement profond dans l'esprit de notre législation. En abrogeant la loi des 14-17 juin 1791, elle a effacé l'ancienne règle d'interprétation individualiste qui égarait les juges dans l'application de la loi pénale et dans l'appréciation des conventions. Elle devrait être le point de départ d'une jurisprudence plus sainement inspirée.

« *L'anéantissement des corporations* » a cessé d'être « *une* « *des bases fondamentales de la Constitution française .*»

La loi de 1884 a fait de la publicité *une condition de l'existence légale des associations qu'elle autorise. La loi de 1867 avait fait de même pour les sociétés commerciales·*

On verra que nous avons essayé de développer cette idée de la publicité *et de tirer de son rôle dans notre sujet une application importante. Nous avons esquissé un système de répression du mal et de liberté du bien, mis en rapport, autant qu'il est possible, avec l'état actuel des mœurs, en l'appuyant sur le principe de la publicité de tout acte destiné à resteindre ou modifier la concurrence : la non-publicité servirait à caractériser, sans les hésitations actuelles, les manœuvres tombant sous le coup de la loi pénale ; au contraire, la publicité, accompagnée de certaines garanties, fournirait le moyen de rendre licites avec certitude les ententes pour limiter la concurrence.— Il suffira de retenir que l'établissement de règles de publicité pourrait être une première étape, non la dernière, dans la voie de la répression de l'accaparement et dans celle de l'organisation corporative de l'industrie moderne.*

LA CONCURRENCE DÉLOYALE

L'ACCAPAREMENT

ET

L'Organisation Moderne du Commerce et de l'Industrie

I, — Le Besoin d'Organisation économique
dans l'Industrie et le Commerce au Temps Présent

L'heure d'un jugement plus équitable a sonné pour les anciennes corporations. Sous l'empire des faits, on se rend compte que cette organisation, qui jadis limitait la concurrence, répondait à des réalités, à des nécessités inéluctables de la vie sociale, et que les procédés employés n'étaient pas si déraisonnables.

On gémit actuellement sur les déloyautés de la concurrence, sur les manœuvres des accapareurs, sur les ruines causées par la surproduction. Voici que les intéressés tentent des efforts pour sortir de la situation créée par les excès de la concurrence, et l'on observe la plus grande analogie entre les idées mises en avant, entre les moyens mis à l'essai, et ce qui se faisait du temps des corporations.

Un auteur de grand mérite, mais que le libéralisme économique avait séparé de notre école sociale, a laissé à ce sujet, dans ses plus récents écrits, des paroles qui le rapprochent de nous. A propos de l'organisation des *syndicats industriels pour régler la production*, qu'il a étudiés d'une façon fort intéressante tant à l'étranger qu'en France (1), il reconnaît que les dispositions usitées dans les anciennes corporations, afin de modérer la concurrence, indiquaient la connaissance d'un *enchaînement* très réel *des phénomènes économiques*. Le désordre de la production rend la concurrence dommageable. « Les « plus faibles sont ruinés et disparaissent, » écrivait, en dernier lieu, M. Claudio Jannet (2), « l'industrie se con« centre, et les établissements survivant, restés seuls maî« tres du marché, peuvent se trouver à même de relever « leurs prix de vente, au détriment des consommateurs. »

Le vieux thème si rebattu, qui condamnait les anciennes corporations par la seule accusation de *monopole*, doit céder devant la critique historique et économique. Il est hors de doute que les lois, au cours du Moyen Age et de l'Ancien Régime, ont constament poursuivi le monopole considéré comme un des plus grands crimes, en même temps qu'elles garantissaient la constitution privilégiée des corporations. On voyait si peu là une contradiction, que fréquemment les statuts des corporations prohibaient expressément tout monopole, complot ou coalition entre artisans ou commerçants. La constitution des corporations s'inspirait d'un principe en opposition radicale avec le monopole, principe formulé dans cette maxime : *Vivre et laisser vivre ;* à tel point qu'on pourrait définir les corporations, en disant qu'elles étaient des *organisations contre le monopole*. De fait, il est devenu fort clair,

(1) Claudio Jannet. *Le Capital, la Spéculation et la Finance,* chapitre VIII. — *Les Syndicats industriels pour régler la production en France,* dans la *Réforme sociale* du 16 janvier 1895.
(2) *Réforme sociale* du 16 janvier 1895, article cité.

aujourd’hui, que partout le monopole sort de la liberté illimitée de la concurrence.

A l’heure qu’il est, ce n’est pas une exagération de prétendre que la majorité des industriels aspirent vers la création d’institutions défensives. Comment, entendions-nous dire récemment à un chef d’usine, les sociologues catholiques ne se préoccupent-ils pas de défendre l’industrie contre les pratiques commerciales ? Et l’on nous exposait un plan de sévérités pénales et d’inspection professionnelle, pour réprimer les ventes au dessous du prix de revient. Dans ce même ordre d’idées, des tentatives remarquables ont été faites, sous forme d’accords entre fabricants pour limiter la concurrence et régler la production ; tels sont les *Kartelle* allemands et divers syndicats industriels français.

Mais l’oubli des principes de jadis est si complet, que l’on ne sait comment distinguer les mesures de défense contre la concurrence déloyale des pratiques de l’accaparement. Aussi, l’opinion publique reste hésitante ; si la population laborieuse accueille, en général, favorablement certains essais qui tendent à éviter les crises industrielles et qui sont même, assez souvent, la suite d’arbitrages terminant les grèves, c’est unanimement que sont flétries d’autres ententes pour modifier le milieu économique, qui semblent au premier abord d’un genre assez voisin, comme les *Corners* et *Trusts* de l’Amérique, les sociétés et syndicats de spéculation en Europe. Quant à notre jurisprudence, on dirait vraiment qu’elle a pris à tâche d’exercer sa dureté pharisaïque contre des conventions plutôt bienfaisantes de défense mutuelle entre concurrents, et de s’ingénier en indulgentes interprétations vis-à-vis des coalitions et des combinaisons néfastes des agioteurs. Sans doute, elle a conscience de mieux refléter ainsi l’individualisme révolutionnaire, qui a été l'inspirateur de la nouvelle législation économique.

A l'encontre de ce faux principe de nos lois, on constate qu'un commun besoin d'organisation sociale du travail industriel s'est emparé aussi bien de la classe patronale que de la classe ouvrière.

II. — Anciens Principes sur la Concurrence, le Monopole et l'Accaparement

Que chacun soit laissé libre d'user de son activité au mieux de son intérêt, et que chacun puisse réussir suivant ses efforts personnels, ce sont là des propositions conformes, dans une grande mesure, à la justice et à l'intérêt général, qui ne furent point méconnues jadis. Si la concurrence n'était que la poursuite du mieux faire, elle mériterait le caractère, en quelque sorte sacré, que lui donnent les économistes ; elle apparaîtrait sans réserves comme le stimulant du progrès, comme la force impulsive qui conduit chacun à consulter le besoin commun, afin de produire ce qui a le plus de valeur. Mais la concurrence est aussi la poursuite du succès par des moyens qui ne sont pas nécessairement d'accord avec la morale sociale, et qui peuvent léser les droits d'autrui ou le bien public.

C'est au nom du respect dû aux droits des autres membres de la société et aux droits de la société elle-même, que furent déterminées jadis, par une analyse en rapport avec les besoins économiques du temps, des restrictions à la concurrence. On jugea avec raison qu'il y avait des principes de morale sociale supérieurs au jeu de la concurrence.

Ces principes peuvent être ramenés à trois :

C'est, en premier lieu, le *droit de chacun à la vie* et à l'exercice de son activité. On considéra que la concurrence doit éviter de tendre à la ruine d'autrui, qu'elle ne doit pas aboutir à réduire les autres à la misère et à les priver de leurs moyens d'existence.

C'est, en second lieu, *le droit du travailleur à jouir du fruit de son travail.* Il fut reconnu que, dans la lutte de la concurrence, le travail est souvent menacé d'oppression par le capital ; or, cette lutte ne doit pas priver les travailleurs de la juste rémunération qui leur est due, tant en raison du but du travail destiné à satisfaire les besoins humains, qu'en raison du rôle de causalité du travail dans la production ; on s'appliqua donc à bannir tout bénéfice du capital qui tirerait sa source de quelque lésion des travailleurs.

C'est, en troisième lieu, *le droit de la communauté à prononcer le juste prix* dans les échanges, et à faire son estimation en considération du besoin commun réel. Sans doute, la concurrence peut être envisagée comme un instrument de cette estimation commune ; mais on ne l'admit comme telle qu'à la condition qu'elle s'exercerait sans tromperies d'aucune sorte, et que les intérêts particuliers n'arriveraient pas à se rendre maîtres du marché, en se substituant à la communauté dans le pouvoir de fixer les prix.

La concurrence qui respectait ces principes était dite *loyale ;* celle qui les violait, *déloyale.* Proscrire la concurrence déloyale fut l'idée génératrice qui inspira les anciennes règles du régime corporatif.

Les violations de la morale sociale dans le jeu de la concurrence n'ont pas un caractère de précision mathématique, et les principes qu'il faut sauvegarder demandent à être formulés en des dispositions positives. Ce travail de poursuite de la déloyauté économique et de détermination des règles incarnant les principes fut celui du

Moyen Age corporatif. L'analyse pratique des faits fut loin de manquer de profondeur, eu égard aux conditions anciennes de l'industrie et du commerce. Nous voyons un ensemble de mesures pour conserver les ateliers, assurer le placement et la protection du travail, égaliser les conditions de la lutte entre les producteurs, éviter la surproduction, proscrire la coalition des capitaux de même que celle des personnes, prohiber les spéculations sur les matières premières, bannir les artifices de la réclame et les détournements de clientèle, garantir la bonne exécution des travaux, vérifier la qualité des marchandises, etc. Nous voyons rarement recourir à la fixation directe des prix : le juste prix résultait naturellement de la concurrence fonctionnant dans ses bornes légitimes, avec l'appui des mesures prises contre l'accaparement et contre les coalitions ou les accords secrets entre les maîtres. Lorsqu'il y avait fixation des prix, c'était toujours, directement ou par délégation, l'œuvre de l'autorité publique ayant seule le droit de parler au nom de la communauté.

Il n'y a pas d'idée qui soit plus en opposition avec l'objet du régime corporatif que celle de monopole. Le monopole implique, en effet, le pouvoir pour un seul ou pour quelques-uns de fausser dans leur intérêt privé le mouvement de la concurrence, lequel doit procurer le bien de tous. Le monopole est précisément le pouvoir de violer ces principes de morale sociale où la concurrence doit puiser ses justes règles ; c'est un empiètement sur les droits de la communauté et une atteinte aux droits de tous dans la fixation soit des conditions du travail, soit du prix des marchandises ; c'est le droit du plus fort dans l'ordre économique. On pourrait définir la *concurrence déloyale* en disant qu'elle est *celle qui tend au monopole.*

Au cours du Moyen Age et de l'Ancien Régime, le *crime de monopole* n'a cessé d'être poursuivi par la législation pénale. La répression des manœuvres diverses des monopoleurs a donné lieu, rapporte Domat, « à une infinité « d'ordonnances et de règlements (1) ». Au siècle dernier, alors que le premier établissement du *commerce des actions* marquait le commencement d'une nouvelle époque économique, d'Aguesseau rappelait la grandeur du crime de *monopole*, qu'il oppose aux droits de la communauté : « S'il n'est pas permis à un négociant, dit-il, de s'éloigner « considérablement du prix commun qui se règle sur le « *besoin commun*, il ·lui est encore plus défendu d'aug- « menter ce besoin en tâchant de se rendre le maître ou « presque le maître d'une espèce de marchandise, afin « que ceux qui en ont besoin, forcés de passer par ses « mains, subissent, pour ainsi dire, *la loi du plus fort.* « S'il ne peut pas abuser du besoin d'autrui pour aug- « menter son profit, il peut encore moins devenir l'auteur « et comme l'artisan de ce besoin ; et c'est, en effet, ce « que les lois punissent sous le nom de *monopole, qui est* « *regardé comme un crime public et digne de la mort* « *civile, parce que c'est une infraction criminelle de l'ordre* « *et des principes de la société civile* (2). »
Loin d'être en contradiction avec les bases d'une organisation économique et sociale, le principe qui condamne le monopole trouve dans cette organisation sa consécration et ne peut pas la trouver en dehors. La faute qui pèse toujours sur notre époque fut de ne pas comprendre qu'il fallait, non sacrifier la tradition du temps passé sur les limites de la concurrence, mais en mieux pénétrer les

(1) *Le Droit public,* livre I, titre VII, s. IV, et livre III, titre XII.
(2) *Mémoire sur le Commerce des Actions,* Art. II, § 14.

principes essentiels, afin d'en faire l'application au régime
de la grande industrie, du grand commerce et du groupe-
ment des capitaux. On ne songea qu'à détruire l'ancien
régime corporatif. On eut l'habileté d'attaquer ses abus
et ses vieilleries en criant *au monopole :* en réalité, ce qui
possédait et excitait les détracteurs, c'était *l'esprit même de
monopole, la révolte de l'idée révolutionnaire contre les
limites à l'enrichissement individuel.*

III. — Le Droit nouveau, le Code pénal et la Jurisprudence interprétative

C'est toujours à la philosophie de Rousseau qu'il faut
demander les conceptions utopiques qui inspirèrent la
législation nouvelle. Attribuer la perfection à l'action
individuelle et voir la cause du mal dans l'organisation
sociale, tel fut, en matière économique plus que partout
ailleurs, le principe des mesures législatives de la Révolution. Il fut admis qu'il existait *une concurrence naturelle et libre du commerce,* résultant du seul fait de la
coexistence des activités individuelles et engendrant
d'elle-même l'harmonie ; il ne s'agissait que de détruire
les institutions sociales du passé qu'on jugeait s'y opposer
et de les empêcher de se reformer à l'avenir. De là les
dispositions draconniennes des lois de 1791 contre l'association professionnelle. Un peu plus tard, le Code pénal,
dans ses articles 291, 414 et suivants, donna une sorte de
résumé de la charte nouvelle du régime de l'industrie et
du commerce, s'efforçant d'abattre à coups d'amendes et
de prison les obstacles apportés au jeu des intérêts individuels. Il est remarquable que les coalitions entre
ouvriers y furent punies de peines beaucoup plus graves
que les coalitions entre patrons. L'attention doit aussi

s'arrêter sur l'article 419, où le législateur se réclame de l'insaisissable « concurrence naturelle et libre du com- « merce », et où il essaie d'atteindre l'antique crime de monopole : des vestiges de l'ancien droit, le souvenir du droit romain et l'expérience de la période révolutionnaire apparaissent en ce texte incertain.

Il n'est pas difficile de pénétrer ce qui se cachait sous les apparences libératrices de la législation nouvelle : c'était l'essence même de la révolution bourgeoise, à savoir l'établissement de la *liberté absolue du capital*. Au nom de la liberté de l'intérêt individuel, au nom du droit de s'enrichir, toutes les barrières s'abaissaient devant la puissance de l'*argent*. On n'eut garde de se soustraire aux conséquences : on renversa avec empressement les bornes posées jadis à la concentration et à l'usage des capitaux ; toutes facilités furent données pour grouper, dans la bataille de la concurrence, les gros bataillons du capital et pour laisser celui-ci jouir de sa victoire impitoyable. Prêt à intérêt, sociétés par actions, spéculations de Bourse purent prendre un essor dont nous voyons mieux aujourd'hui, après cent ans, les développements logiques ; développements tels, que nous entendons les docteurs de la loi finir par proclamer le droit à l'accaparement.

En présence de cette liberté absolue du capital, se découvre l'hypocrite duplicité des suppositions légales sur la libre concurrence. L'interdiction des coalitions est une dérision : les coalitions sont prohibées, à moins qu'elles ne soient des coalitions de capitaux ; les sociétés professionnelles sont défendues par la loi, mais les sociétés financières sont permises ; les intérêts d'argent peuvent s'unir, mais les intérêts du travail et de la conservation sociale ne le peuvent pas. Ce régime de la puissance du capital sans aucun contre-poids est établi précisément au moment

3

où les transformations matérielles de l'industrie et du commerce tendent, elles aussi, vers la concentration des capitaux.

Les plaintes des ouvriers ne tardèrent pas à amener une première réaction. Peu leur importait que les coalitions patronales fussent pour la forme interdites, si le marché du travail était dominé par les nouveaux maîtres de l'industrie et du commerce, grands capitalistes et sociétés financières. Les ouvriers obtinrent peu à peu qu'on fît brèche au Code pénal et qu'on permît l'entente, puis l'association, pour la défense des intérêts du travail. Mais les ouvriers ne sont pas seuls à souffrir de la concurrence des gros capitaux et du désordre de la lutte où s'accomplit l'œuvre de la production. L'idée d'ententes et d'associations de défense mutuelle entre fabricants s'est fait jour et est entrée dans la pratique sous la pression des faits. Le but de ces groupements rappelle beaucoup celui des anciennes corporations, puisqu'on se propose la conservation des ateliers et une certaine régularisation de la production et des prix.

Il est intéressant d'apprécier ici l'esprit des lois économiques de la Révolution, par l'interprétation que leur donne la jurisprudence en les appliquant aux faits contemporains.

Comme nous l'avons dit, le Code pénal ne laissait pas la justice absolument désarmée devant l'accaparement et les manœuvres trompeuses de la concurrence. Sans doute, le texte de l'article 419 (1), rédigé sous des impressions

---

(1) *Art. 419 du Code pénal :* « Tous ceux qui, par des faits faux ou « calomnieux semés à dessein dans le public, par des suroffres faites « aux prix que demandaient les vendeurs eux-mêmes, par réunion ou « coalition entre les principaux détenteurs d'une même marchandise ou « denrée, tendant à ne pas la vendre ou à ne la vendre qu'à un certain

contradictoires, n'était pas d'une clarté parfaite ; mais le rôle de la jurisprudence consistait, semble-t-il, à démêler les spéculations contraires à la justice sociale que la loi pénale devait atteindre. Loin de là, le souci des interprètes, de la loi parut être ne point appliquer le Code pénal aux accapareurs. Il fut tout de suite jugé que l'article 419 ne pouvait atteindre les réunions ou coalitions de spéculateurs, dès lors qu'elles prenaient la forme de sociétés anonymes ; et le gouvernement, il y a quelques années, a réclamé le même bénéfice en faveur des *syndicats financiers* qui, à son avis, « sont devenus un fait courant et « peut-être même nécessaire (1). » Le dernier état de la jurisprudence nous est donné par l'arrêt de la Cour de Paris, confirmé par la Cour de cassation, qui s'est ingénié à ne pas trouver les éléments du délit d'accaparement dans la célèbre affaire de la *Société des métaux* ou *Syndicat des cuivres*. Ecoutons M. Sarrut commenter cet arrêt dans le recueil de Dalloz : « En effet, l'*accaparement est licite ;* « d'autre part, une pluralité de détenteurs doit pouvoir « se concerter sur les prix, de même qu'un seul déten- « teur, maître de la totalité de la marchandise, pourrait « les fixer à son gré (2). » *L'accaparement par un seul est permis :* assurément l'article 419 ne l'a pas dit ; mais il faut reconnaître qu'il n'a pas osé dire le contraire, sans doute afin de ne pas décrier l'harmonie de la liberté des intérêts individuels. L'arrêt qui innocente le fondateur de

« prix ; ou qui, par des voies ou moyens frauduleux quelconques, auront « opéré la hausse ou la baisse du prix des denrées ou marchandises ou des « papiers ou effets publics au-dessus ou au-dessous des prix qu'aurait « déterminés la concurrence naturelle et libre du commerce : seront « punis d'un emprisonnement d'un mois au moins, d'un an au plus, et « d'une amende de cinq cents francs à dix mille francs. »

(1) Exposé des motifs de la loi du 27 mars 1885, sur les Marchés à terme.

(2) D. P., 1893, I, p. 51.

la *Société des métaux*, pour avoir combiné son accaparement à lui seul, aurait pu, dans l'intérêt du respect dû à la loi, se dispenser de parler du « jugement sévère qu'il con-« vient de porter sur les intentions de celui-ci, sur le but « par lui poursuivi, sur la spéculation gigantesque qu'il a « conçue et dirigée », et ne pas rappeler « les désastres qui « ont été la conséquence de sa folle témérité ».

En regard de cette indulgence ingénieuse à préserver les calculs de la cupidité des rigueurs de la loi pénale, c'est un saisissant contraste que l'attitude de la jurisprudence vis-à-vis des ententes entre industriels qui ont pour objet la défense mutuelle et le bien général des producteurs. Les conventions de ce genre ont été jusqu'ici invariablement annulées par les tribunaux comme contraires au principe de la libre concurrence, tel que l'ont consacré les lois fondamentales de 1791. Ce sont là des coalitions illicites, « alors même qu'il serait allégué que les conven-« tions incriminées n'ont eu d'autre objet que de mettre « un terme à des manœuvres déloyales nuisibles à la con-« currence naturelle du commerce (1) » ; il n'y a pas non plus à tenir compte si l'accord pour régler les prix est intervenu dans l'intérêt et « sur la demande même des ouvriers (2) ». Aussi, maintenant qu'une pratique plus forte que le principe de 1791 a fait entrer dans les mœurs industrielles les accords pour régulariser la production et les prix, on a dû recourir à des conventions tenues secrètes et à des clauses pénales détournées. Cette manière de faire est précisément celle qui prête le plus à la critique et qui est le plus contraire aux justes conditions d'une reconnaissance légale des *ententes* entre industriels. Il est

(1) Arrêt de cassation du 16 mars 1845.
(2) Cour de Nancy, 23 juin 1851.

à noter d'autre part qu'un tout récent arrêt de cour d'appel, signalé par le *Bulletin de l'Office du Travail* (1), a rompu avec la jurisprudence d'annulation ; les considérants font valoir que « les parties ont eu pour but, « non de surélever le cours de leurs produits en leur attri- « buant une hausse factice, *mais d'empêcher leur avilisse-* « *ment en atténuant les ardeurs et les effets de la con-* « *currence locale* ». Cette distinction dans la concurrence est à retenir, car elle est grosse de conséquences.

IV. — RÉSUMÉ DE LA SITUATION ACTUELLE

Ainsi que nous l'avons noté dans les paragraphes précédents, deux courants contraires se manifestent au milieu de l'état économique instable qui est résulté, tant des principes individualistes du Droit nouveau, que du bouleversement matériel des découvertes modernes. L'un de ces courants correspond aux licences de la concurrence et au perfectionnement des moyens dont l'accaparement dispose ; l'autre correspond à un besoin de défense et d'organisation.

D'un côté, voici ce que nous apercevons. Au mépris même du Code pénal, une liberté presque entière est laissée à toutes les déloyautés de la concurrence : les tromperies sur les marchandises, les réclames mensongères, les fausses nouvelles, les manœuvres de l'agiotage ont cessé, semble-t-il, d'être un objet de poursuites et de répression. Puis, la spéculation moderne avec ses nouveautés est venue apporter des procédés bien plus puissants que jadis à la concurrence déloyale et à l'accaparement. Ceux-ci s'exercent sur le terrain agrandi du marché des Bourses, où une masse d'entreprises et de marchandises

(1) N° de juin 1895 : Arrêt de la Cour de Grenoble du 1er mai 1894.

sont représentées par des titres conventionnels, actions et obligations, filières et warrants, etc., et où les négociations ont lieu le plus souvent à terme : là opèrent les syndicats financiers, qui induisent le public en erreur et faussent les cours ; là se combinent les *corners* ou accaparements commerciaux des diverses sortes de marchandises et les *trusts* ou monopoles industriels de toutes les entreprises d'une même espèce. La ruine d'autrui est la préoccupation qui arrête le moins les spéculations du commerce contemporain, la destruction des concurrents adverses est souvent le but directement visé ; mais, en outre, l'incertitude des fluctuations des cours, l'affolement de la production et les crises toujours menaçantes sont des conditions ruineuses pour le travail industriel et pour le commerce sérieux. Afin de parvenir au succès cherché, les spéculations modernes doivent disposer de grands crédits et de puissants capitaux ; or ces armes d'une lutte victorieuse sont aux mains de ceux qui ont déjà su s'établir maîtres de la Banque et des finances de notre pays et qui ont ainsi les moyens d'attirer à eux la plus forte part du bénéfice des affaires. Cet accaparement, le plus considérable de tous, est, peu s'en faut, dans l'ordre des faits accomplis. Les exigences du marché mettent tous les producteurs à la merci des combinaisons du grand commerce et de la haute banque

D'un autre côté, nous reconnaissons un mouvement de réaction. Les producteurs se groupent pour leur défense. Ce n'est plus seulement dans la classe ouvrière que, sous l'empire du sentiment de la solidarité des intérêts, on répudie l'individualisme. Le péril commun inspire des sentiments semblables aux chefs d'industrie : on les voit s'unir en associations ou syndicats qui ont pour but le respect mutuel dans la lutte de la concurrence, la résistance concertée aux causes de dépréciation commerciale de leurs produits, l'entente pour régler leur fabrication, de façon que le travail y soit rémunérateur ; et de fait, ils parviennent ainsi à obtenir un relèvement et une certaine constance dans les prix. La domination des concentrations commerciales et industrielles appelle, en sens inverse, dès concentrations de défense dans les industries restées divisées en de nombreuses entreprises ; sinon la partie n'est pas égale quand il y a lieu de traiter ensemble. C'est là une des voies où les agriculteurs ont à chercher un remède à l'avilissement des prix de leurs denrées.

Le trait qui caractérise le mouvement d'organisation économique dont nous parlons et qui le différencie d'avec le mouvement d'accaparement est qu'il tend à la *conservation* des concurrents, tandis que l'autre tend à leur *destruction* ; l'un répond à la reconnaissance, pour tous et pour chacun, des droits de la vie humaine, l'autre en signifie la négation. Ce n'est pas à dire qu'en pratique tout soit pur dans ce dernier mouvement et qu'en sus de la ressemblance des procédés employés, il n'y ait un véritable mélange avec des calculs d'accaparement. Il appartient aux lois et à la jurisprudence de discerner ce qui est, ou non, conforme à une juste organisation économique et de redresser ce qui pèche ; nous avons montré que leur rôle s'était de nos jours exercé précisément en sens inverse.

V. — Des Formes diverses de la Concurrence déloyale

Ce n'est pas à tort que le sentiment général associe l'idée de concurrence déloyale à celle de tromperie. Seulement, celle-ci ne doit pas être entendue avec la signification de plus en plus restreinte où l'on cherche à la ramener à notre époque : la tromperie ne se borne pas aux falsifications de marchandises. Il y a aussi tromperie du public, dans les manœuvres pour influencer l'estimation du marché en un sens différent de la réalité et du bien commun ; il y a tromperie, dans la vente au-dessous du prix de revient; tromperie accompagnée de violence morale, dans l'exploitation de la faiblesse de ceux avec qui l'on contracte et spécialement des travailleurs ; tromperie encore sur les véritables besoins économiques de la société, dans les calculs qui amènent la surproduction et les crises ruineuses au grand nombre, etc.

Essentiellement, le caractère de la concurrence déloyale et condamnable, c'est la violation des droits d'autrui, en particulier de ces droits possédés par autrui dans la vie sociale, que nous avons énumérés en retraçant les principes de jadis : droit de chacun à la vie et à l'exercice de son activité, droit du travailleur à jouir du fruit de son travail, droit de la communauté à prononcer le juste prix en considération des besoins réels. Il est à remarquer qu'en de nombreux cas la concurrence déloyale, prise à son point de départ, lèse les intérêts du public en considérant celui-ci plutôt comme producteur que comme consommateur; de là ces échappatoires assez grossières que l'on plaide devant l'opinion. Comme il a été dit, la concurrence déloyale a toujours pour objectif, au moins implicite, l'accaparement et le monopole ; elle renferme des visées de destruction contre autrui ; elle est en opposition avec l'ancienne maxime : *Vivre et laisser vivre.*

Nous classerons les différents modes sous lesquels s'exerce la concurrence déloyale, en les rattachant à cinq formes principales : tromperies sur les marchandises, vente au-dessous du prix de revient, manœuvres de Bourse et marchés d'accaparement, exploitation du besoin et du travail d'autrui, surproduction et excès de machinisme.

A. — *Tromperies sur les marchandises.* — Les tromperies dans la fabrication et la vente des marchandises se sont multipliées de notre temps, au point qu'elles excitent d'universelles réclamations. Le principe de la répression est cependant inscrit dans nos lois : il a manqué la volonté de l'appliquer. Ce laisser-faire du Pouvoir a correspondu, il faut le reconnaître, au laisser-aller des mœurs. Ces dernières ont été peu à peu corrompues par la compétition des richesses ; puis les nécessités mêmes de la concurrence ont eu raison des résistances de l'honnêteté.

Pour réagir maintenant, il serait certainement à propos de donner plus de précision aux textes légaux, de suppléer à leur insuffisance et à leur non-usage, de façon à atteindre plus sûrement toutes sortes de falsifications et d'escroqueries. La pratique des réclames mensongères, qui a tant contribué à dégrader le commerce contemporain, appellerait une répression spéciale. On peut s'inspirer à ce sujet d'un projet de loi sur la concurrence déloyale récemment présenté par le gouvernement allemand. Ce projet qualifie de délit l'acte de « quiconque cherche, dans des avis « publics ou des communications adressées à un grand « nombre de personnes, à faire accroire, par des indica- « tions sciemment inexactes sur la nature, la qualité et le « prix de marchandises, sur la possession de distinctions « honorifiques, qu'il s'agit d'une offre très avantageuse(1) ». Il serait indiqué d'appliquer de semblables dispositions au lancement des affaires par la presse financière.

Ce qui manque le plus, contre les tromperies dans la fabrication et le commerce, c'est l'existence d'une juridic- tion compétente et d'une surveillance préventive. Seule, une organisation professionnelle peut donner les moyens

____

(1) Voir *Le Travail National*, numéro du 20 janvier 1895.

de combler cette lacune. Le passé corporatif nous a légué un modèle impérissable dans sa poursuite vigilante et efficace de la fraude, obtenue par le concours du Pouvoir municipal et des représentants des métiers, gardes ou jurés. La fidélité au devoir de ces magistrats des métiers, constamment maintenue à travers tant de siècles, est un juste sujet d'admiration. On ne peut espérer relever en peu de temps de pareilles traditions d'honneur professionnel.

B. — *Vente au-dessous du prix de revient.* — La pratique de la vente au-dessous du prix de revient, connue aussi sous le nom de *underselling*, peut être prise comme type de toute une série de combinaisons déloyales qui sont dirigées vers la destruction des concurrents et qui mènent à la destruction même de la concurrence par la constitution de monopoles.

Ce n'est certainement pas dans un but philanthropique et pour enrichir le public, que les industriels ou les commerçants recourent à ce moyen ; c'est afin d'arriver, en prolongeant suffisamment son emploi, à ruiner les autres établissements qui sont moins solidement appuyés par des capitaux ou par du crédit, de façon à pouvoir ensuite élever leurs profits en dominant le marché. C'est là une des méthodes d'écrasement des plus faibles par les plus forts. L'objectif qu'on se propose est de faire tort, aux concurrents d'abord, et en définitive à tout le monde.

Il semble admis que ces procédés ne tombent pas sous le coup de la loi française. Rien cependant n'est moins démontré. Une saine interprétation, dégagée de l'influence des idées individualistes, devrait en effet considérer comme *frauduleux* des voies et moyens qui falsifient pour un temps, devant l'opinion, les conditions réelles de la production et induisent le public en des erreurs pernicieuses.

L'article 419 du Code pénal incrimine expressément la baisse des marchandises poursuivie de la sorte dans un but d'accaparement. M. Claudio Jannet cite (1), au sujet de l'*underselling*, une loi pénale spéciale récemment votée aux États-Unis, dans la Caroline du Nord, et une jurisprudence quelque peu hésitante en Angleterre. Tout en qualifiant d'immorales les manœuvres de l'*underselling*, cet auteur préfère écarter l'intervention d'une législation répressive. On ne saurait admettre cette conclusion, qui est contraire au devoir de justice du pouvoir public, devant une des manifestations les plus condamnables et les plus préjudiciables de la concurrence déloyale. Ce qui est vrai, c'est que la préoccupation de faire en cette matière une législation pratique conduit, une fois de plus, à constater la lacune de notre droit public, qui ne reconnaît pas d'organisation professionnelle. Nous avons dit, en débutant, que l'état d'esprit de beaucoup d'industriels, menacés dans leur existence par les conditions déloyales de la concurrence, ne répugnerait pas à une législation pénale sévère, appuyée par des inspections rigoureuses ; mais la détermination des éléments de rémunération à considérer pour la fixation d'un *prix de revient minimum* demanderait un état déjà développé d'organisation professionnelle.

Nous rattacherons à la vente au-dessous du prix de revient d'autres procédés de concurrence déloyale, tels que les rabais exagérés dans les adjudications, et les ventes à bas prix à la suite de faillites ou de liquidations judiciaires. Les trafiquants ruinés trouvent là des moyens pour prolonger leurs affaires et même se relever, en communiquant la ruine autour d'eux. Non sans apparence, on reproche à la nouvelle loi sur la liquidation judiciaire

(1) *Le Capital, la Spéculation et la Finance* ; ch. VI, § VIII.

d'avoir facilité ces trafics. La moralisation des adjudications publiques et des liquidations après faillite, l'introduction dans les cahiers des charges de tarifs minima et de clauses d'exclusion non arbitraires, l'établissement de droits de préemption en faveur des associations professionnelles, etc., demanderaient aussi un degré d'organisation professionnelle assez avancé.

De même ne peut-on espérer, sans cette organisation, trouver des remèdes contre des abus de la concurrence moins déterminés, qui consistent à aller sur les brisées des confrères et à soulever la clientèle, abus jadis poursuivis sous le régime des corporations. L'exemple des syndicats industriels modernes, qui ont établi avec succès le partage des débouchés, montre que les remèdes à ces abus peuvent aussi être de notre temps.

C. — *Manœuvres de Bourse et marchés d'accaparement.* Les manœuvres de Bourse ne rentrent dans notre sujet qu'autant qu'elles sont des moyens de concurrence déloyale et d'accaparement dans le commerce et l'industrie. Il n'y a pas lieu de parler ici de toutes les spéculations condamnables et de toutes les sortes d'escroqueries plus ou moins déguisées qui se pratiquent à la Bourse.

Comme nous l'avons dit, les entreprises et les marchandises sont aujourd'hui représentées par des titres négociables en Bourse, c'est-à-dire par des valeurs mobilières de différentes natures. Les titres représentatifs des *entreprises* se négocient dans les Bourses dites d'effets publics. Les *marchandises* qui font l'objet de titres représentatifs sont celles qui se vendent sur échantillons ou types commerciaux ; leur marché porte spécialement le nom de Bourses de commerce.

Le commerce et l'industrie trouvent assurément de grandes facilités dans les négociations des Bourses, dans ces marchés centralisés où affluent les capitaux et les marchandises, dans ces transactions de forme très simple et très rapide, dont la souplesse se prête à toutes les combinaisons qui peuvent être utiles. Mais aussi ces négociations sont devenues le siège d'un grand nombre de manœuvres déloyales et de procédés d'accaparement.

Par suite de la multiplicité des transactions qui s'y opèrent, les Bourses sont les centres régulateurs de l'estimation qui fixe les valeurs. Aussi, c'est autour d'elles, et en vue d'agir sur leur marché, que sont mis en œuvre tous les moyens d'égarer l'opinion et de l'influencer dans un sens ou dans l'autre : fausses nouvelles, réclames mensongères, tromperies délictueuses déjà signalées dans le lancement des affaires par la presse financière.

Pour agir à la Bourse sur l'estimation commune et la tourner dans le sens désiré, les spéculateurs forment entre eux des ententes ou syndicats, auxquels ils intéressent des hommes influents par leur situation dans la politique ou dans le monde. Il y a là tout un art destiné à dénaturer le jugement public ; des circonstances récentes en ont révélé les voies secrètes.

Mais l'action concertée des spéculateurs ne se borne pas à essayer de diriger le marché en circonvenant l'opinion ; ils recourent aussi à l'intervention des grands capitaux, soit qu'ils les possèdent, soit que le crédit les leur fournisse. Le terrain des Bourses est particulièrement propre à l'action des grands capitaux, en raison de la centralisation de l'offre des stocks disponibles ainsi que des demandes d'achat. Les spéculateurs qui disposent de grands capitaux, en les produisant rapidement sur le marché, soit dans le sens de la hausse, soit dans le sens de la baisse, produisent nécessairement un mouvement dans le sens choisi, mouvement destiné en général à cadrer avec les opérations à terme combinées précédemment.

» Le but des spéculateurs qui recourent à ces manœuvres et à la stratégie des grands capitaux est souvent d'obtenir un effet plus durable, soit en détenant pour un temps tous les stocks disponibles, soit de plus en réunissant entre les mêmes mains tous les titres des entreprises d'une branche déterminée de la production. Dans le premier cas, il y a accaparement commercial simple, ou *corner*; dans le second cas, il y a organisation d'un véritable monopole industriel, ou *trust*.

Ces spéculations de Bourse ne sont pas seulement malfaisantes par leur but direct d'accaparement et d'extermination des adversaires. Elles ont un contre-coup funeste sur l'industrie et le commerce éloignés de leurs agissements, par l'instabilité qu'elles produisent dans les cours. Les campagnes des marchés à terme bouleversent à certains moments les prix des marchandises d'une façon déraisonnable et impossible à prévoir.

Ajoutons que l'organisation même des marchés à terme auprès des Bourses de commerce prête fréquemment à des abus faits tout exprès pour surexciter et fausser la spéculation. Il arrive ainsi que les *caisses de liquidation*, destinées à régulariser et à garantir les opérations à terme, sont établies par des sociétés et gérées par des courtiers qui sont eux-mêmes des spéculateurs et opèrent pour leur compte, avec la connaissance qu'ils ont de l'état d'ensemble des opérations.

Il importe de remarquer un caractère commun à toutes les manœuvres de Bourse dont nous parlons, qui est leur non-publicité. C'est grâce au secret de leur combinaison, grâce à l'ignorance où est tenu le public de leur origine et de qui les mène, qu'elles troublent à ce point l'estimation du marché et la direction des transactions. Dans ce seul caractère il y a déjà une atteinte grave au droit de la communauté. Il y a là aussi une indication pleine de portée sur les moyens d'incriminer légalement les spéculations déloyales, de les réprimer, d'ouvrir aux intérêts lésés des voies de recours, de donner à la spéculation de Bourse, dans la mesure de son utilité, des façons honnêtes de procéder. Là encore il est à propos de rappeler les exemples des anciennes corporations : la non-publicité était considérée comme un élément délictueux, soit des accords entre les maîtres, soit des marchés d'approvisionnement en matières premières.

Les Bourses de commerce et les établissements connexes, comme les caisses de liquidation des opérations à terme, sont en eux-mêmes des institutions de nature à servir avantageusémrnt l'industrie et le commerce contemporains. Mais, tant pour en écarter le jeu et les opérations fictives que pour y réfréner les tentatives d'accaparement, il serait essentiel que ces institutions fussent placées sous la direction et le contrôle d'une organisation professionnelle et, par là, d'une représentation de tous les intéressés.

Nous en dirons autant à propos du crédit, qui est le grand levier de la plupart des spéculations commerciales et industrielles. Si les grands établissements de crédit dépendaient d'une organisation professionnelle, établissant à leur tête une représentation réelle et sincère de tous les intérêts, beaucoup d'opérations d'accaparement ne trouveraient plus les armes nécessaires à une lutte contraire au bien général. On n'aurait pas vu, par exemple, un établissement comme le *Comptoir d'Escompte*, fondé primitivement pour venir en aide à l'industrie nationale, consentir jusqu'à 173 millions d'avances sur warrants et nantissements de cuivres ou étains, dans l'affaire d'accaparement de la *Société des Métaux*.

D. — *Exploitation du besoin et du travail d'autrui.* — Stimulés par la concurrence, les commerçants et les industriels s'ingénient à réduire les prix de revient de leurs marchandises. Il n'y a rien à reprendre, tant que la préoccupation de l'honnêteté et le loyal respect des droits d'autrui président à leurs efforts. Mais souvent, dans le débat qui fixe le prix de leurs achats ou le coût de leur production, commerçants et industriels se trouvent en présence de contractants qu'une situation d'infériorité empêche de discuter librement : petits producteurs besogneux et pressés de vendre, ouvriers et employés pauvres en moyens d'existence. L'exploitation du besoin d'autrui se présente de la sorte comme un moyen de réduire le prix de revient. Les concurrents qui en usent pèchent doublement : ils ne font pas seulement tort à ceux avec qui ils contractent ; le fait de leur concurrence rend ce tort contagieux, il contient une mise en demeure aux autres concurrents d'agir semblablement sous peine de ruine. C'est là une des causes qni font la gravité de la question ouvrière.

La protection des travailleurs par la loi et par l'association professionnelle apparaît ici comme un des remèdes à ce genre de manifestation de la concurrence déloyale. Parmi les buts poursuivis par les syndicats ou accords entre industriels pour modérer la concurrence, régler la production et les prix, peut se trouver, nous l'avons dit, celui d'améliorer les conditions du travail et les salaires, de répondre à la demande des ouvriers, parfois comme suite aux arbitrages qui terminent ou préviennent les grèves. Un semblable objectif donne aux *syndicats industriels* la plus légitime des raisons d'être.

Notons qu'en Allemagne et en Autriche, les lois récentes contre l'usure (1) ont posé le principe de la répression de l'exploitation du besoin d'autrui, de sa gêne, de sa fai-

----

(1) Loi allemande du 24 mai 1880 et loi autrichienne du 28 mai 1881.

blesse, de son inexpérience, etc. L'extension de ce principe en dehors du contrat de prêt offrirait un terrain de poursuite contre la forme de concurrence déloyale dont nous parlons.

E. — *Surproduction et excès de machinisme.* — Dans les divers cas de concurrence condamnable jusqu'ici passés en revue, il y a toujours des visées dirigées contre autrui et la pensée préméditée de lui faire tort; il reste une dernière sorte de déloyauté de la concurrence où la faute consiste seulement, sous l'influence de la soif du gain, à pousser la production sans tenir compte de l'intérêt général et des conséquences fâcheuses à venir. Ces écarts de la libre concurrence, qui ne tiennent qu'à une absence de limites rationnelles et de coordination, ne sont pas les moins dommageables : ils engendrent les crises de surproduction ou de production mal combinée ; ils contrebalancent les effets bienfaisants des inventions nouvelles et des perfectionnements industriels ; heureux quand cette imprévoyance de la liberté ne change pas ceux-ci en calamités publiques, par les ruines occasionnées et par la prolétarisation des travailleurs jadis indépendants ! Un des buts principaux de la limitation de la concurrence dans les anciennes corporations était la conservation des ateliers ou établissements et la protection économique de toutes les existences. Certainement, ces limitations autrefois imposées à la concurrence ont pu prêter à des abus ; cependant elles répondaient à un principe qui n'est pas seulement humain et juste, mais qui est encore une source d'harmonie économique et d'équilibre des débouchés. Il est essentiel que les institutions sociales concilient le progrès avec ce principe conservateur ; faute de quoi, les producteurs se débattent au milieu de crises perpétuelles qui empêchent de s'établir le prix équitable de leurs labeurs ; faute de quoi, ne peut être évité le grand mal du mode de production moderne, à savoir la ruine des travailleurs, leur prolétarisation, l'encombrement du marché du travail par le stock des sans-emploi et des affamés, cause lamentable d'avilissement du travail et de détournement des avantages nouveaux de la production.

Nous n'avons pas à examiner comment auraient dû s'opérer les grandes transformations modernes de l'industrie et du commerce, pour se trouver en conformité avec les principes de conservation et de protection sociales. Maintenant que ces transformations sont dans le domaine des faits accomplis, le besoin de les organiser dans le sens de ces principes se manifeste chaque jour avec plus d'évidence. La protection douanière et les tarifs de défense contre les importations de la production étrangère répondent à la même idée : on se rend compte que la concurrence d'industries quant à présent plus favorisées amènerait de nombreuses ruines parmi nos producteurs nationaux, et que ces ruines causeraient au pays un dommage irréparable. Les accords entre industriels pour régler la production, qui sous diverses formes sont entrés dans la pratique courante, marquent d'une façon significative la tendance que nous signalons, car ce sont des efforts dirigés vers la *conservation mutuelle*. Partout se fait jour cette vérité : que la concurrence, lorsqu'elle en vient à accumuler les ruines privées, porte dommage à l'intérêt général et compromet le progrès.

Pour réprimer les abus de la concurrence de cette dernière catégorie, l'organisation professionnelle est de rigueur. Il faut, en effet, édicter les règles de la production et les limitations de la concurrence qui sont réclamées par la conservation sociale et par l'équilibre des débouchés ; or, il s'agit, moins que partout ailleurs, de formules évidentes *a priori*, mais de dispositions de droit positif, variables, quelque peu empiriques, appropriées aux circonstances et aux professions.

VI. — DES MOYENS DE RÉPRIMER LA CONCURRENCE DÉLOYALE ET L'ACCAPAREMENT

Au paragraphe précédent nous avons indiqué, à propos de chacune des formes de la concurrence déloyale, les moyens de répression qui se présentaient.

Constatons d'abord qu'il s'est dégagé, comme conclusion générale, que l'organisation professionnelle est l'instrument nécessaire d'une répression efficace. La formation de cette organisation professionnelle n'est d'ailleurs pas dans le domaine des utopies ou des créations artificielles, car nous assistons tous les jours à l'évolution naturelle qui lui donne vie, la faisant sortir des circonstances sociales et économiques que nous traversons. Toutefois, cette tendance heureuse de l'évolution nous est apparue mélangée aux licences modernes de la concurrence et au mouvement même de l'accaparement capitaliste ; pour assurer sa direction, il importe d'arriver à la distinguer et à la purifier.

Nous fixerons notre attention sur une méthode qui permettra peut-être d'obtenir ce résultat, en terminant la récapitulation des moyens de répression contre la concurrence déloyale et l'accaparement.

Ces moyens peuvent être classés ainsi qu'il suit :

a) Tenir la main à la remise en vigueur et à l'application des textes de notre législation, tels que les articles 405, 419, 423 du Code pénal, 1109 et 1382 du Code civil, qui ne sont ni aussi muets, ni aussi impuissants qu'on le prétend, mais qui auraient besoin d'être mis au point par une jurisprudence sainement inspirée.

b) Compléter et préciser les textes de nos Codes par des lois spéciales, en rapport avec les faits présents, sur la falsification des marchandises, sur les réclames mensongères et les tromperies de la presse financière, sur la vente au-dessous du prix de revient et les ventes après liquidation, sur l'exploitation du besoin d'autrui et les vices du consentement qui en sont la suite, etc.

c) Poursuivre, en s'attachant à rendre son exécution pratique, l'œuvre législative de la protection du travail, qui est en même temps une œuvre de défense des droits essentiels des travailleurs contre les abus de la concurrence.

d) Afin de donner plus d'unité et de vue d'ensemble au travail législatif qui s'élabore sous le coup des nécessités économiques et sociales de notre époque, procéder à une révision légale et à une codification du régime moderne du travail, de l'industrie, du commerce, ainsi que des associations et institutions professionnelles.

e) Développer le mouvement actuel d'organisation professionnelle, en assurant sa direction dans le sens de la conservation mutuelle et de la protection de tous les concurrents. Arriver à placer sous la dépendance de cette organisation la réglementation de la Bourse et du crédit.

f) Enfin, et c'est sur quoi nous insisterons, recourir à un moyen de redressement approprié, croyons-nous, au moment actuel, qui serait tiré de *la règle de la publicité de toute convention ou transaction destinée à restreindre la concurrence.* Il y aurait là une condition première pouvant rendre ces actes valides ou déterminer leur caractère illicite.

Pareille règle est tout d'abord conforme au principe suivant lequel la concurrence doit être un mode d'expression de l'*estimation commune*. Par conséquent, tout ce qui tend à agir secrètement sur elle est contraire à sa fonction d'organe de la communauté et à la juste fixation des prix.

Cette règle, malgré les résistances qu'elle rencontrerait, cadrerait bien avec l'état présent des mœurs, où la publicité est si grande et rendue si facile ; elle a déjà un commencement d'application dans la publicité légale des sociétés commerciales et dans le dépôt de statuts exigé des syndicats professionnels.

La violation de cette règle fournirait un élément d'incrimination pénale aisé à déterminer. Elle rendrait *ipso facto* frauduleuse l'atteinte à la libre concurrence et supprimerait ainsi les controverses qui empêchent l'application de l'article 419 du Code pénal.

D'autre part, l'observation de cette règle serait la preuve de la bonne foi et de l'absence d'intention de nuire des auteurs d'accords ou conventions pour restreindre la concurrence ; elle les mettrait à l'abri de poursuites pénales.

L'observation de cette même règle rendrait facile l'ouverture aux intéressés lésés et aux autorités publiques de voies de recours contre ce qu'il y aurait d'abusif dans ces sortes de conventions. La validité de celles-ci serait assurée, sous cette réserve.

L'existence seule de cette règle écarterait un grand nombre des abus actuels. C'est ainsi que tous ces *syndicats financiers* pour le placement, la hausse ou la baisse des valeurs se trouveraient entravés : car, ou bien leurs membres habituels se retireraient, ne se souciant pas d'être connus ; ou bien, si les membres étaient connus, le procédé, en ce qu'il a de condamnable, perdrait son efficacité ; ou bien, si l'on se décidait à violer la règle de la publicité, les participants courraient des dangers qui n'existent pas aujourd'hui. Sans doute, on objectera d'une façon générale que, dans l'hypothèse de la non-publicité, il restera des questions de preuves assez difficiles à résoudre ; mais du moins, lorsque la preuve sera faite, la loi n'apparaîtra plus, comme maintenant, désarmée.

Voici comment nous comprendrions l'application du système de la publicité :

En premier lieu serait posée la règle de principe suivant laquelle tout accord, toute association, toute convention, toute manœuvre, destinés à restreindre ou modifier la concurrence, ou à dominer le marché, devraient être rendus publics en des formes déterminées ;

En second lieu, la non-publicité suffirait à caractériser le délit, dès lors que l'existence de l'un des actes ci-dessus spécifiés serait prouvée ;

En troisième lieu, un recours préventif en annulation ou modification serait ouvert à tout intéressé et au ministère public pendant un certain délai ; passé ce délai, les actes intervenus seraient valides, sauf nouveau recours pour inobservation de statuts ou pour modifications à obtenir sans toucher au passé. Les recours seraient recevables si les dispositions attaquées avaient un objet différent de la protection des producteurs et de la défense mutuelle des concurrents, ou s'ils excédaient ce but, qui légitime les conventions portant restriction à la concurrence.

Un point délicat serait la constitution de la juridiction appelée à juger ce recours. Il la faudrait indépendante et compétente. On peut considérer qu'il revient ainsi à l'intervention législative d'établir une des assises de l'organisation professionnelle de l'avenir.

De cette façon, serait ouverte une voie libre et légale aux efforts si légitimes des travailleurs de toute classe pour régler la production et poser des limites à une concurrence ruineuse. Cette voie serait féconde pour la fondation des institutions protectrices des droits essentiels de la vie humaine, sans lesquelles la *concurrence naturelle et libre* n'existe pas.

Répétons-le, le terrain solide de la répression de la concurrence déloyale et de l'accaparement réside dans l'organisation professionnelle. Or, en même temps que le mal s'aggrave et que nous nous sentons tous menacés par la déloyauté et par les accaparements formidables d'une race perfide, nous voyons se dessiner et grandir l'organisation professionnelle par le double mouvement des ententes et associations ouvrières et des ententes et associations patronales. Pourquoi faut-il que cette œuvre de salut soit entravée par une guerre de classe qui ne peut profiter qu'à l'ennemi commun ? Puisse, du moins, la classe patronale comprendre qu'elle doit employer ses lumières et son énergie, non pas à rendre impossible, mais à rendre possible l'organisation professionnelle, qui fera rejoindre le faisceau et groupera tous les producteurs, pour la justice sociale et pour la prospérité industrielle.

TABLE DES MATIÈRES

MARSEILLE. — IMPRIMERIE MARSEILLAISE, RUE SAINTE, 39.

www.ingramcontent.com/pod-product-compliance
Lightning Source LLC
LaVergne TN
LVHW021046050726
842519LV00003B/1021